Anja Ritterhoff

# HURRA, DER HERBST IST DA!

Große Motive aus Tonkarton

frechverlag

## Von der Autorin sind im frechverlag viele weitere Bücher erschienen. Hier eine Auswahl:

TOPP 2618

TOPP 2605

TOPP 2456

TOPP 2495

TOPP 2536

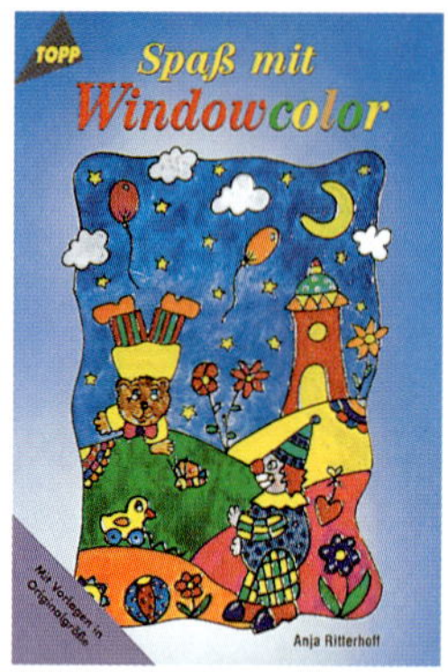

TOPP 2482

Fotos: frechverlag GmbH + Co. Druck KG, 70499 Stuttgart;
Fotostudio Frank Busch, Stuttgart

Dieses Buch enthält:
2 Vorlagenbogen



Auflage: 5. 4. 3. 2. 1. | Letzte Zahlen
Jahr: 2004 2003 2002 2001 2000 | maßgebend



frechverlag GmbH + Co. Druck KG, 70499 Stuttgart

ISBN 3-7724-2638-7 · Best.-Nr. 2638

Druck: frechverlag GmbH + Co. Druck KG, 70499 Stuttgart

Im Herbst geht es überall lustig zu. Da sind zwei kleine Mäuse, die Marmelade einkochen, Drachen fliegen lassen und mit ihrer Laterne spazieren gehen. Das liebe Gespenst spielt mit dem dicken Kürbis und die Herbsthexe lässt das Laub tanzen. Frau Eule erntet Obst und der lustige Frosch freut sich über seine bunte Blätterhose. Weiterhin treffen wir Raben und Igel sowie einen Biber auf Wanderschaft.

Freuen Sie sich auf riesengroße Fensterbilder in den schönsten Herbstfarben!

Viel Bastelspaß in dieser schönen Jahreszeit
wünscht Ihnen
Ihre Anja Ritterhoff

## MATERIAL

- *Tonkarton in verschiedenen Farben*
- *Pluster-Pen oder Lackstift in Weiß*
- *Übertragungspapier*
- *Filzstift in Schwarz, Hellblau, Braun, Rot*
- *Alleskleber (z.B. von UHU)*
- *Cutter und Schneideunterlage*
- *Bleistift*
- *Schere*
- *Locher*

## HERSTELLUNG EINES FENSTERBILDES

1. Mit Übertragungspapier können Sie das gewünschte Motiv direkt vom Vorlagenbogen auf den Tonkarton in der entsprechenden Farbe zeichnen.
Das Übertragungspapier wird hierfür mit der farbigen Seite nach unten auf den Tonkarton gelegt. Nun wird die Vorlage über das Papier gelegt und mit einem Stift werden die Konturen nachgezogen. So wird das Motiv auf den Tonkarton übertragen. Alle Motivteile werden nach diesem Prinzip angefertigt.

2. Jetzt schneiden Sie alle Teile sauber aus und entfernen evtl. Bleistiftlinien mit einem Radiergummi.

3. Nehmen Sie zum Zusammenkleben des Motivs die Abbildung bzw. den Vorlagenbogen zur Hilfe. Zum Schluss zeichnen Sie alle Linien ein und fügen gegebenenfalls noch Augen hinzu. Lichtpunkte werden mit weißem Lackstift oder Pluster-Pen gemalt.

# DAS MALEN DER AUGEN

1. Zeichnen Sie mithilfe einer Pappschablone und eines Bleistifts die Augen auf weißen Karton.

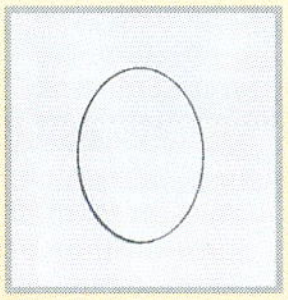

2. Dann zeichnen Sie mit einem schwarzen Filzstift zwei Ovale in das Auge. Hilfreich ist dabei eine ovale Schablone.

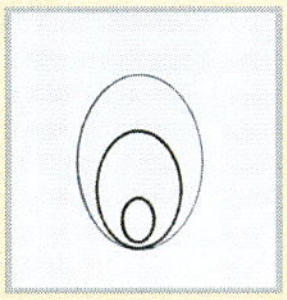

3. Malen Sie die Innenfläche schwarz aus und achten Sie darauf, dass das kleinere Oval weiß bleibt.

4. Zum Schluss ziehen Sie in der gewünschten Farbe eine sichelförmige Linie um das schwarze Oval. Jetzt können Sie das Auge ausschneiden.

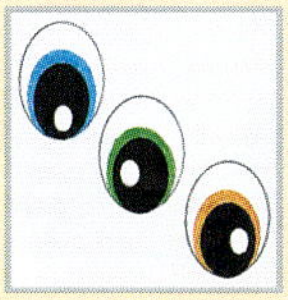

**Tipp am Rande: Kreisförmige Augen lassen sich nach dem gleichen Prinzip gestalten. Soll ein Augenpaar nach rechts oder links schauen, versetzen Sie einfach den kleinen weißen Kreis bzw. das Oval.**

# HIMBEERMARMELADE IST EINFACH KLASSE!

(Abbildung Seite 6/7)

Befestigen Sie die Ohren an den Mäuseköpfen und kleben Sie die Innenohren auf. Das Mäusemädchen erhält eine weiße Haube mit roten Punkten und der Mäusejunge schwarze Haare. Gestalten Sie das Gesicht und setzen Sie dann den Kopf auf den fertigen Körper. Der Mäusejunge hält eine Himbeere in seinen Händen. Kleben Sie sein linkes Bein mit der rosa Fußsohle von hinten an. Der Mäuseschwanz wird um das Glas gelegt. Bei dem Mäusemädchen wird zuerst der weiße Bauch zwischen die Beine geklebt und dann das Kleid fixiert. Bringen Sie die Arme und den weißen Kragen an und kleben Sie zwischen die Finger der linken Hand einen Löffel.
Bemalen Sie die restlichen Motivteile und ordnen Sie alles auf der Wiese an.

# HIMBEERMARMELADE IST EINFACH KLASSE!

(Anleitung Seite 5)

Motivgröße:
ca. 52 cm x 30 cm

Motivgröße:
ca. 40 cm x 33 cm

# WER BIST DU DENN?

Rechts auf der grünen Wiese fixieren Sie das Obst gemäß der Abbildung hintereinander. Der kleine Wurm wird auf den Apfel geklebt. Befestigen Sie die Beine der Katze und bringen Sie auch am Schwanz das schwarze Fell an. Jetzt wird die Katze auf die Wiese gesetzt und erhält noch ihre Wange.
Zum Schluss bemalen Sie das Motiv und malen die Lichtpunkte auf.

# HIER MACHT BUDDELN SPASS!

Der Maulwurf erhält seinen grauen Bauch und sein Gesicht. Kleben Sie die helle Innenseite und die gelbe Umrandung auf den Kürbis und setzen Sie das Tier hinein. Der Maulwurf hält in seiner Pfote eine Spitzhacke. Jetzt bekommt der Kürbis sein Gesicht. Zeichnen Sie alle restlichen Linien ein und malen Sie die Lichtpunkte auf.

Motivgröße:
ca. 33 cm x 28 cm

# LUSTIGES HERBSTGESPENST

Gestalten Sie zuerst das Gesicht. Die Augen werden direkt auf den Tonkarton gezeichnet. Nun bekommt das Gespenst seinen Hut. Schneiden Sie die Hände ein und bringen Sie das Seil zwischen ihnen an. Die Kanonenkugel und die Früchte werden fixiert, alle Linien werden eingezeichnet und die Lichtpunkte werden aufgemalt.

Motivgröße: ca. 30 cm x 46 cm

# SCHAU, WAS ICH GEERNTET HABE!

Frau Eule bekommt ein bemaltes Auge und einen Schnabel als Gesicht. Dieses kleben Sie auf den Kopf und fügen die Ohren hinzu. Bringen Sie den hellbraunen Bauch und den Kopf sowie den hinteren Flügel an und fixieren Sie die Beine.
Die Birne wird auf der Rückseite der Schubkarre befestigt. Nun kleben Sie das Vorderteil mit dem Rad fest und setzen dann das Motiv auf den Untergrund. Jetzt kann Frau Eule die Birne nach Hause bringen.

Motivgröße:
ca. 47 cm x 37 cm

# FREDDY, DER LUSTIGE FROSCH

Zuerst bekommt der Frosch seine Hose mit den lustigen Blätter-Hosenträgern. Gestalten Sie das Gesicht und kleben Sie den Kopf an den Körper.
Der lustige Geselle hält zwei Blätter in seinen Händen und trägt rote Schuhe.
Malen Sie die Lichtpunkte und zeichnen Sie alle Konturen ein.

Motivgröße:
ca. 30 cm x 48 cm

# JETZT FEGE ICH HIER!

Fertigen Sie das Rabengesicht und setzen Sie den Kopf auf den Körper. Jetzt erhält der Vogel seine Hose mit den Blätter-Knöpfen, den Umschlägen und der Tasche. Die Schuhe werden fixiert und die Lichtpunkte angebracht. Der Rabe hält einen Besen in seinem Flügel. Zum Schluss zeichnen Sie alle Linien ein.

Motivgröße: ca. 27 cm x 39 cm

# ERNTEZEIT

Auf dem weißen Gemäuer fixieren Sie Fenster, Türe, dann die grüne Fläche sowie das rote Dach. Jetzt befestigen Sie die weißen Flügel an den braunen Holzbalken und kleben die fertigen Flügel im rechten Winkel mittig auf das Dach. Dann wird die gelbe Halterung befestigt.
Setzen Sie die fertige Mühle und die Katze auf den Boden. Die Räder des Leiterwagens schneiden Sie mit einem Cutter aus und fügen dann den Wagen zusammen. Zum Schluss wird das Stroh verschachtelt in ihn geklebt.
Strohballen, Mehlsäcke, Mühle und den Leiterwagen arrangieren Sie dann zu einem Gesamtbild.

Motivgröße:
ca. 33 cm x 45 cm

# FRÖHLICHES HERBSTTREFFEN

Zuerst fertigen Sie die Raben mit ihren lustigen Gesichtern an. Bringen Sie die Blätter und die Früchte an. Je einen Raben kleben Sie an das Ende der Blätterkette.
Fügen Sie die Igel zusammen und geben Sie dem stehenden Igel ein Blatt in die eingeschnittene Pfote. Alle Linien werden eingezeichnet und die Lichtpunkte aufgemalt. Die Igel sowie einige Blätter arrangieren Sie unter der Blätterkette.

Motivgröße:
Raben:
ca. 65 cm x 21 cm
Stehender Igel:
ca. 20 cm x 23 cm
Sitzender Igel:
ca. 23 cm x 13

# HERBST IST TOLL!

Setzen Sie der linken Maus die Mütze auf und fixieren Sie die Ohren sowie das Innenohr. Kleben Sie den weißen Bauch zwischen die Beine und befestigen Sie dann die Jacke. Die Arme werden angeklebt und die Laterne befestigt. Den Kopf setzen Sie auf den Körper und schmücken die Laterne mit einem Mond und einem Stern.

Fixieren Sie die Ohren am Kopf der rechten Maus und kleben Sie das weiße Innenohr und die Schnute auf. Gestalten Sie das Gesicht mit Wange, Nase und bemalten Augen. Die Maus hält in ihren Pfoten einen Drachen mit bunten Schleifen. Das hintere Bein und der Schwanz der Maus werden befestigt, dann können Sie alle Linien einzeichnen und die Lichtpunkte aufmalen.

**Motivgröße:**
**Maus mit Drache:**
**ca. 25 cm x 28 cm**
**Maus mit Laterne:**
**ca. 28 cm x 27 cm**

# BUNTE HERBST-ZAUBEREI

Kleben Sie den Hut auf den Kopf. Er wird mit einem gelben Band, Beeren und einem Blatt dekoriert. Die Hexe erhält eine Kartoffelnase, bemalte Augen und einen Mund. Nun fügen Sie das rechte Haarteil von vorne und das linke von hinten an. Das Kleid wird mit dem doppelten Blätterkragen geschmückt.

Jetzt kleben Sie den Kopf auf und fixieren die Hände, die Beine mit den Schuhen befestigen Sie hinter dem Kleid. Der Apfel und die Sterne werden auf das Kleid geklebt und die Fingernägel sowie die restlichen Linien eingezeichnet.

Für einen Besen kleben Sie den Stiel hinter das hellbraune Teil und befestigen dann das gelbe Band. Bemalen Sie den Besen und arbeiten Sie den zweiten Besen seitenverkehrt. Beide Besen werden schräg übereinander geklebt und gemeinsam mit den Blättern arrangiert.

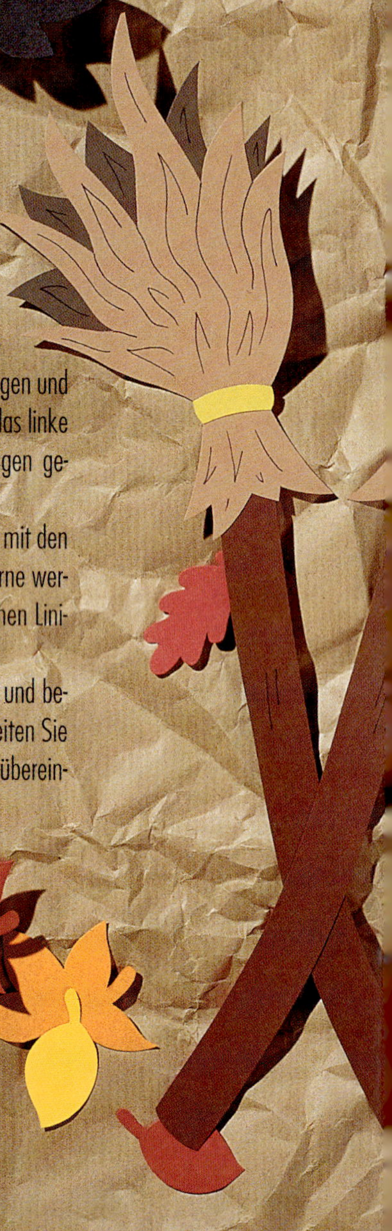

Der kleine Rabe hält mit einem eingeschnittenen Flügel den Zauberstab. Befestigen Sie den zweiten Flügel und den Schnabel. Nun werden ihm noch die bemalten Augen aufgeklebt und der Schnabel bemalt.

Motivgröße:
Hexe: ca. 30 cm x 51 cm
Besen: ca. 25 cm x 40 cm
Rabe: ca. 17 cm x 12 cm

# BIBER BOB AUF WANDERSCHAFT!

Motivgröße:
ca. 33 cm x 40 cm

Bob erhält grün bemalte Augen, eine beige Schnauze mit Nase, Wange und zwei riesige Zähne. Den hellbraunen Bauch kleben Sie auf und befestigen dann Beine und Arme. Der rote Sack wird am Stab angebracht und dem Biber in die Hand gegeben. Jetzt erhält Bob noch seine Schuhe und den Biberschwanz. Zeichnen Sie die restlichen Konturen und malen Sie die Lichtpunkte auf.